Inteligencia Artificial (IA)

Historia, presente y futuro

Ian Müller

AGRADECIMIENTOS

En primer lugar, agradezco a los pioneros de la IA, como Alan Turing, John McCarthy y Marvin Minsky, por su visión y dedicación a esta disciplina.

También quiero agradecer a mis colegas y colaboradores, cuyo trabajo y apoyo han sido fundamentales para la realización de este proyecto. Sus ideas, sugerencias y comentarios han sido invaluables.

A todas estas personas y muchas más que han contribuido al campo de la inteligencia artificial, gracias de corazón. Su trabajo ha sentado las bases para un futuro más brillante y emocionante para la IA.

PRÓLOGO

Estimados lectores,

Me complace presentarles este libro, que es una guía completa sobre los inicios y la evolución de la inteligencia artificial en el mundo. La IA ha sido un tema candente durante los últimos años, y no hay duda de que su impacto en nuestras vidas seguirá creciendo en el futuro. Este libro está diseñado para ayudar a los lectores a entender lo que es la inteligencia artificial, cómo ha evolucionado a lo largo de los años y hacia dónde se dirige.

Desde la creación de la primera computadora hasta los avances más recientes en la tecnología de la inteligencia artificial, este libro proporciona una descripción detallada de los hitos clave en la historia de la IA. Los lectores también aprenderán sobre los diferentes tipos de inteligencia artificial, desde la IA débil hasta la IA fuerte, y cómo se aplican en la vida cotidiana.

Pero el libro no solo se enfoca en el pasado y el presente de la IA, sino que también se adentra en el futuro de esta tecnología. ¿Cómo afectará la IA a nuestras vidas en el futuro? ¿Cómo cambiará la forma en que trabajamos, interactuamos y vivimos nuestras vidas? Estas son solo algunas de las preguntas que se exploran en este libro.

En resumen, si eres un profesional de la tecnología, un estudiante curioso o simplemente alguien interesado en saber más sobre la inteligencia artificial, este libro es para ti. Descubre cómo la IA ha cambiado el mundo en que vivimos, cómo está evolucionando y qué podemos esperar en el futuro. ¡Prepárate para un viaje emocionante a través del mundo de la inteligencia artificial!

CONTENIDO

CAPÍTULO 1: ¿QUÉ ES LA IA?

La Inteligencia Artificial (IA) es un conjunto de tecnologías y técnicas que permiten a las máquinas realizar tareas que, hasta hace poco, solo podían ser realizadas por seres humanos. La IA utiliza algoritmos y modelos matemáticos para procesar y analizar grandes cantidades de datos con el objetivo de realizar predicciones, tomar decisiones y realizar tareas específicas de manera autónoma.

La IA es una tecnología que se divide en varios campos y subcampos, como el aprendizaje automático, la visión por computadora, el procesamiento del lenguaje natural, la robótica y la automatización, entre otros. Cada uno de estos campos tiene diferentes aplicaciones y enfoques, pero todos están diseñados para permitir que las máquinas realicen tareas que antes solo podían ser realizadas por los seres humanos.

La IA se ha convertido en una tecnología clave en muchas industrias y sectores, incluyendo la salud, la educación, la agricultura, el transporte, la seguridad y la energía, entre otros. También se espera que la IA tenga un impacto significativo en la economía y la sociedad en los próximos años y décadas, transformando la forma en que trabajamos, vivimos y nos relacionamos con el mundo que nos rodea.

CAPÍTULO 2: HISTORIA DE LA IA

La historia de la Inteligencia Artificial (IA) se remonta a la década de 1950, cuando los científicos comenzaron a investigar cómo las máquinas podían simular la inteligencia humana. Uno de los primeros proyectos de IA fue el "Logic Theorist", un programa de computadora diseñado por el científico de la computación Allen Newell y el matemático J.C. Shaw en 1956 que podía demostrar teoremas matemáticos utilizando la lógica simbólica.

Este proyecto se basó en el concepto de la demostración matemática por reducción al absurdo. En lugar de intentar demostrar directamente un teorema, el programa intentaba demostrar que la negación del teorema conducía a una contradicción lógica. Si esto podía demostrarse, entonces el teorema original debía ser verdadero.

Para hacer esto, el programa utilizó una técnica llamada "búsqueda heurística", que es un enfoque en el que se intenta encontrar la mejor solución posible a un problema mediante la exploración de todas las posibles soluciones. El programa comenzó con una lista de axiomas y teoremas conocidos y utilizó un conjunto de reglas lógicas para combinarlos y producir nuevas fórmulas lógicas. Luego, se aplicaron ciertas heurísticas para determinar qué fórmulas eran más prometedoras para explorar y se siguieron los caminos más prometedores hasta llegar a una contradicción o una solución.

El programa se ejecutó en una computadora IBM 704 y logró demostrar varios teoremas matemáticos importantes, incluido el teorema de los cuatro colores, que establece que cualquier mapa plano se puede colorear con solo cuatro colores de manera que dos regiones adyacentes no tengan el mismo color.

En la década de 1960, la IA se convirtió en un campo de investigación en sí mismo, y se fundaron los primeros laboratorios de investigación de IA en universidades y empresas de todo el mundo. Uno de los proyectos más conocidos de esta época fue el programa "ELIZA" creado por el científico informático Joseph Weizenbaum en 1966, que podía simular una conversación humana utilizando técnicas de procesamiento del lenguaje natural.

El funcionamiento de Eliza se basaba en el uso de patrones de lenguaje para generar respuestas. El programa analizaba las palabras y frases que el usuario ingresaba en la interfaz y buscaba patrones específicos que indicaran ciertos estados emocionales o problemas. Luego, Eliza respondía al usuario utilizando patrones de lenguaje preestablecidos que imitaban la forma en que un psicólogo podría responder a un paciente.

Uno de los patrones de lenguaje más utilizados en Eliza era la reescritura, que consistía en tomar una oración del usuario y reformularla de manera que pareciera una pregunta o una reflexión sobre los sentimientos del usuario. De esta manera, el programa lograba sostener la conversación y mantener al usuario comprometido en la misma.

Eliza se convirtió en un éxito instantáneo y ganó popularidad en la década de 1960 y 1970. Muchas personas encontraron que era sorprendentemente fácil sostener una conversación con el programa, a menudo olvidando que estaban hablando con un sistema de inteligencia artificial en lugar de una persona real. Eliza incluso llegó a ser utilizada por algunos psicólogos como una herramienta de terapia, aunque Weizenbaum se opuso a este uso y consideraba que el programa no podía ser un sustituto adecuado para la terapia con un profesional capacitado.

En la década de 1970, la IA comenzó a centrarse en el desarrollo de sistemas expertos, que eran programas de computadora que podían realizar tareas específicas de manera autónoma utilizando una base de conocimientos especializados. Estos sistemas expertos fueron utilizados en una variedad de aplicaciones, desde la medicina hasta la ingeniería y la gestión empresarial.

Un ejemplo de cómo la IA se centró en el desarrollo de sistemas expertos en la década de 1970 es el programa DENDRAL, desarrollado por el químico de computación Bruce G. Buchanan y su equipo de investigación en la Universidad de Stanford. DENDRAL fue diseñado para identificar la estructura molecular de compuestos químicos a partir de datos espectroscópicos, y utilizaba una base de conocimientos especializada para llevar a cabo esta tarea.

Otro ejemplo es el sistema experto MYCIN, desarrollado por Edward Shortliffe en la década de 1970 en la Universidad de Stanford. MYCIN fue diseñado para diagnosticar enfermedades infecciosas y recomendar tratamientos utilizando una base de conocimientos especializada en medicina y microbiología.

Los sistemas expertos también se utilizaron en la industria, como el sistema experto XCON desarrollado por Digital Equipment Corporation para la fabricación de componentes de ordenadores. XCON fue capaz de tomar decisiones autónomas en tiempo real basadas en una base de conocimientos especializada en la producción de componentes.

En la década de 1980, la IA comenzó a expandirse a nuevos campos, como el aprendizaje automático y las redes neuronales, que permitían a las máquinas aprender y mejorar con el tiempo a partir de grandes cantidades de datos.

El aprendizaje automático actualmente es un subcampo de la IA que se enfoca en el desarrollo de algoritmos que permiten a las computadoras aprender de los datos de entrada, sin ser programadas explícitamente para realizar una tarea. Las redes neuronales, por su parte, son un modelo computacional inspirado en el cerebro humano que se utiliza para el aprendizaje automático y la toma de decisiones.

Un ejemplo de un algoritmo de aprendizaje automático popular en la década de 1980 es el árbol de decisión, utilizado en problemas de clasificación y regresión. Otro ejemplo es el algoritmo de retropropagación, utilizado para entrenar redes neuronales.

La investigación en redes neuronales llevó a la creación de modelos como la red neuronal de retroalimentación, la red neuronal de propagación hacia adelante y la red neuronal de Hopfield, que se utilizaron en aplicaciones como el reconocimiento de patrones, la síntesis de voz y la toma de decisiones.

En la década de 1990, la IA se convirtió en una tecnología cada vez más común en una variedad de aplicaciones comerciales, el aumento de la potencia de procesamiento y la disponibilidad de grandes cantidades de datos hicieron posible el desarrollo de sistemas de IA más complejos y precisos. Algunas de las aplicaciones más comunes de la IA en la década de 1990 incluyeron:

- *Motores de búsqueda*: los motores de búsqueda comenzaron a utilizar técnicas de IA para mejorar la precisión de los resultados de búsqueda y proporcionar resultados más relevantes para los usuarios.

- *Sistemas de recomendación:* las empresas comenzaron a utilizar sistemas de recomendación basados en IA para ofrecer productos y servicios personalizados a los clientes.

- *Sistemas de seguridad* y *defensa:* los sistemas de seguridad y defensa comenzaron a utilizar técnicas de IA para detectar amenazas y responder a ellas de manera más eficiente.

- *Automatización de procesos:* las empresas comenzaron a utilizar sistemas de IA para automatizar procesos comerciales como la atención al cliente y la contabilidad.

- *Análisis de datos:* las empresas comenzaron a utilizar sistemas de IA para analizar grandes cantidades de datos y extraer información valiosa para la toma de decisiones empresariales.

En la actualidad, la IA se ha convertido en una tecnología cada vez más sofisticada y avanzada, impulsada por el aumento en la potencia de procesamiento de la computadora y el acceso a grandes cantidades de datos. La IA está transformando muchas industrias y sectores, desde la salud y la educación hasta el transporte y la agricultura, y se espera que tenga un impacto significativo en la economía y la sociedad en los próximos años y décadas.

Fuentes:

Newell, A., & Shaw, J.C. (1957). "Programming the logic theory machine." Proceedings of the Western Joint Computer Conference.

Fuente: Weizenbaum, J. (1966). ELIZA - A Computer Program For the Study of Natural Language Communication Between Man and Machine. Communications of the ACM, 9(1), 36-45.

Buchanan, B. G. (1971). Some aspects of a computer model of inorganic chemical synthesis. In Information Processing 71 (pp. 109-113). North-Holland.

Shortliffe, E. H., Buchanan, B. G., & Feigenbaum, E. A. (1977). Expert systems and their use in clinical medicine. Artificial intelligence in medicine, 1(1), 33-60.

McDermott, J., & Szolovits, P. (1982). Expert systems in industry. Communications of the ACM, 25(12), 882-894.

Domingos, P. (2015). The master algorithm: How the quest for the ultimate learning machine will remake our world. Basic Books.

Rumelhart, D. E., Hinton, G. E., & Williams, R. J. (1986). Learning representations by back-propagating errors. Nature, 323(6088), 533-536.

Haykin, S. (1994). Neural networks: a comprehensive foundation. Prentice Hall.

Russell, S. J., & Norvig, P. (2010). Artificial intelligence: a modern approach. Pearson Education.

Domingos, P. (2015). The master algorithm: How the quest for the ultimate learning machine will remake our world. Basic Books.

AI Multiple. (2020). Applications of AI: 23 current examples. Recuperado el 24 de marzo de 2023, de https://www.aimultiple.com/applications-of-ai/

CAPÍTULO 3: APRENDIZAJE AUTOMÁTICO

El aprendizaje automático (también conocido como machine learning en inglés) es una técnica de inteligencia artificial que permite a las máquinas aprender de los datos y mejorar con el tiempo sin necesidad de ser programadas explícitamente para cada tarea. En lugar de eso, el aprendizaje automático utiliza algoritmos que son capaces de analizar grandes conjuntos de datos y extraer patrones, relaciones y características relevantes para una tarea específica.

Los algoritmos de aprendizaje automático se dividen en dos categorías principales: supervisados y no supervisados. Los algoritmos supervisados aprenden a partir de un conjunto de datos etiquetados, es decir, en el que se sabe cuál es la respuesta correcta para cada ejemplo. Por ejemplo, se podría entrenar un algoritmo supervisado para clasificar imágenes de animales en diferentes categorías (gato, perro, pájaro, etc.). En cambio, los algoritmos no supervisados se utilizan cuando no se dispone de un conjunto de datos etiquetado, y su objetivo es encontrar patrones y estructuras ocultas en los datos sin una respuesta conocida previamente.

El proceso de aprendizaje automático comienza con la recopilación de datos relevantes para la tarea que se desea realizar. Estos datos se dividen en dos conjuntos: uno de entrenamiento, que se utiliza para enseñar al algoritmo, y otro de prueba, que se utiliza para evaluar el rendimiento del algoritmo después de haber sido entrenado. Una vez que se han recopilado los datos y se han dividido en conjuntos de entrenamiento y prueba, se selecciona un algoritmo de aprendizaje automático adecuado para la tarea.

El siguiente paso es entrenar el algoritmo utilizando el conjunto de entrenamiento. Durante este proceso, el algoritmo ajusta sus parámetros y pesos internos para minimizar el error entre las predicciones que realiza y las respuestas correctas. Una vez que el algoritmo ha sido entrenado, se evalúa su rendimiento utilizando el conjunto de prueba.

El objetivo del aprendizaje automático es crear un modelo que pueda realizar predicciones precisas y generalizadas sobre datos nuevos que no se han visto anteriormente. Para lograr esto, es necesario evitar el sobreajuste, que ocurre cuando el algoritmo se ajusta demasiado bien al conjunto de entrenamiento y no generaliza bien a datos nuevos. Por lo tanto, el proceso de entrenamiento implica encontrar un equilibrio entre ajustarse al conjunto de entrenamiento y generalizar a nuevos datos. A continuación, se muestran algunos ejemplos de aplicaciones de aprendizaje automático:

- *Filtros de correo no deseado:* los filtros de correo no deseado utilizan técnicas de aprendizaje automático para identificar y clasificar correos electrónicos como spam o no spam.

- *Reconocimiento de voz*: los sistemas de reconocimiento de voz utilizan técnicas de aprendizaje automático para mejorar la precisión de la transcripción de la voz a texto.

- *Recomendaciones de productos:* los sistemas de recomendación utilizan técnicas de aprendizaje automático para analizar los patrones de compra del usuario y recomendar productos relevantes.

- *Detección de fraudes:* las compañías financieras utilizan técnicas de aprendizaje automático para detectar transacciones sospechosas y prevenir fraudes.

- *Diagnóstico médico:* los sistemas de diagnóstico médico utilizan técnicas de aprendizaje automático para analizar los síntomas del paciente y proporcionar diagnósticos precisos.

Fuentes:

Goodfellow, I., Bengio, Y., & Courville, A. (2016). Deep learning. MIT press.

Alpaydin, E. (2010). Introduction to machine learning. MIT press.

Jordan, M. I., & Mitchell, T. M. (2015). Machine learning: Trends, perspectives, and prospects. Science, 349(6245),

https://emerj.com/ai-sector-overviews/machine-learning-applications-in-industry-a-primer/

https://www.sas.com/en_us/insights/analytics/machine-learning.html

.

CAPÍTULO 4: REDES NEURONALES

Las redes neuronales son una técnica dentro del campo del aprendizaje automático que se inspira en el funcionamiento del cerebro humano. Una red neuronal está compuesta por un gran número de unidades básicas llamadas "neuronas artificiales" o "nodos". Cada neurona en una red neuronal recibe una o más entradas y produce una salida, que a su vez puede ser utilizada como entrada para otras neuronas en la red.

Cada neurona en la red está conectada con otras neuronas a través de conexiones ponderadas, que indican la fuerza de la conexión entre las neuronas. Las conexiones se organizan en capas, con cada capa compuesta por un conjunto de neuronas que procesan los datos de entrada de forma sucesiva. La capa de entrada es la que recibe los datos iniciales, mientras que la capa de salida proporciona la respuesta final. Las capas intermedias se denominan capas ocultas y realizan el procesamiento intermedio de los datos.

El proceso de entrenamiento de una red neuronal implica proporcionar a la red un conjunto de datos de entrada y la salida correspondiente que se espera que la red produzca. A medida que la red procesa los datos de entrada, se ajustan los pesos de las conexiones entre las neuronas para minimizar el error entre la salida producida por la red y la salida deseada. Esto se realiza mediante un proceso iterativo llamado "propagación hacia atrás", en el que se ajustan los pesos de las conexiones a través de una serie de ciclos de entrenamiento.

Las redes neuronales son muy flexibles y pueden adaptarse a una amplia variedad de problemas de aprendizaje automático. Algunas de las aplicaciones más comunes incluyen el procesamiento de imágenes y vídeos, la detección de fraudes y la clasificación de texto. A medida que se han ido desarrollando nuevas arquitecturas y técnicas de entrenamiento, las redes neuronales se han convertido en una herramienta poderosa y ampliamente utilizada en el campo de la inteligencia artificial.

Las redes neuronales se utilizan en una amplia variedad de aplicaciones en la práctica, algunas de las cuales incluyen:

- *Procesamiento de imágenes:* Las redes neuronales se utilizan en aplicaciones de procesamiento de imágenes, como la detección de rostros en fotografías o la clasificación de objetos en imágenes. Por ejemplo, las redes neuronales convolucionales (CNN) se han utilizado en la clasificación de imágenes en la industria automotriz para detectar objetos en la carretera y evitar colisiones.

- *Reconocimiento de voz:* Las redes neuronales se utilizan en aplicaciones de reconocimiento de voz, como Siri de Apple o Alexa de Amazon. Estas redes se entrenan con un gran conjunto de datos de voz y se ajustan para reconocer diferentes acentos y tonos de voz.

- *Análisis de sentimientos:* Las redes neuronales se utilizan en aplicaciones de análisis de sentimientos, como la clasificación de comentarios en positivos o negativos. Por ejemplo, las redes neuronales se han utilizado en la industria de la moda para analizar los comentarios de los clientes en línea y mejorar la satisfacción del cliente.

- *Pronóstico del tiempo:* Las redes neuronales se utilizan en la predicción del tiempo, para predecir el clima futuro en función de los datos históricos. Por ejemplo, las redes neuronales se han utilizado para predecir la intensidad y la trayectoria de los huracanes.

Fuentes:

Goodfellow, I., Bengio, Y., & Courville, A. (2016). Deep learning. MIT Press.

Nielsen, M. (2015). Neural Networks and Deep Learning. Determination Press.

LeCun, Y., Bengio, Y., & Hinton, G. (2015). Deep learning. Nature, 521(7553), 436-444.

CAPÍTULO 5: PROCESAMIENTO DEL LENGUAJE NATURAL

El procesamiento del lenguaje natural (NLP, por sus siglas en inglés) es una rama de la inteligencia artificial que se enfoca en enseñar a las máquinas a entender y comunicarse con el lenguaje humano. El NLP se basa en técnicas de aprendizaje automático y procesamiento de datos para permitir que las máquinas comprendan el lenguaje humano, lo procesen y respondan en consecuencia. El procesamiento del lenguaje natural se divide en tres etapas principales

Preprocesamiento del lenguaje natural:

El preprocesamiento del lenguaje natural implica la limpieza de los datos y la preparación para el análisis. En esta etapa, se eliminan los errores tipográficos, los caracteres especiales y las palabras vacías (palabras comunes que no aportan valor semántico, como "el", "la", "y"). También se realiza una tokenización, que implica dividir el texto en palabras y frases significativas, para que la máquina pueda procesar y comprender mejor el texto.

Análisis del lenguaje natural:

En esta etapa, se realizan diversas tareas para comprender el significado del texto. Algunas de las tareas más comunes son:

- *Análisis sintáctico:* la máquina identifica las partes de la oración y cómo se relacionan entre sí.

- *Análisis semántico:* la máquina identifica el significado de las palabras y frases en el contexto en el que se utilizan.

- Análisis de sentimiento: la máquina determina si el texto tiene una carga emocional positiva o negativa.

- Identificación de entidades: la máquina identifica nombres propios, lugares y organizaciones en el texto.

Generación de lenguaje natural:

La última etapa del procesamiento del lenguaje natural implica la generación de texto en respuesta a la entrada del usuario. En esta etapa, la máquina utiliza la información recopilada en las etapas anteriores para generar texto coherente y significativo.

En general, el procesamiento del lenguaje natural es un proceso complejo y multifacético que requiere un conocimiento profundo de la lingüística y las técnicas de aprendizaje automático. Algunas de las aplicaciones más comunes del procesamiento del lenguaje natural son:

- Asistentes virtuales y chatbots: Los asistentes virtuales y los chatbots son aplicaciones que utilizan el procesamiento del lenguaje natural para comunicarse con los usuarios en lenguaje natural. Los chatbots pueden ser utilizados en servicios al cliente, en ventas y en servicios de atención médica, entre otros.

- Análisis de sentimiento: El procesamiento del lenguaje natural puede ser utilizado para analizar la opinión de los usuarios en las redes sociales o en las reseñas de productos y servicios. Esto permite a las empresas evaluar el sentimiento de los clientes y mejorar sus productos y servicios en consecuencia.

- Traducción automática: La traducción automática utiliza el procesamiento del lenguaje natural para traducir texto de un idioma a otro. Estas aplicaciones son útiles en situaciones en las que es necesario comunicarse con personas que hablan diferentes idiomas.

- *Reconocimiento de voz:* El reconocimiento de voz es una aplicación del procesamiento del lenguaje natural que permite a los dispositivos electrónicos interpretar y comprender el habla humana. Los asistentes virtuales como Siri, Alexa y Google Assistant utilizan el reconocimiento de voz para interactuar con los usuarios.

- *Análisis de texto:* El procesamiento del lenguaje natural se utiliza en aplicaciones de análisis de texto para extraer información relevante de grandes conjuntos de datos no estructurados, como documentos, correos electrónicos y publicaciones en redes sociales.

- *Generación de texto:* El procesamiento del lenguaje natural se utiliza en aplicaciones de generación de texto para crear contenido automatizado, como resúmenes de noticias, informes financieros y descripciones de productos.

- Estas son solo algunas de las aplicaciones más comunes del procesamiento del lenguaje natural, pero existen muchas otras. En general, el procesamiento del lenguaje natural es una herramienta valiosa para mejorar la eficiencia y la precisión de las interacciones entre humanos y máquinas.

La prueba de Turing

La Prueba de Turing es una prueba propuesta por el matemático y filósofo británico Alan Turing en 1950, que busca determinar si una máquina puede exhibir un comportamiento inteligente que es indistinguible del de un ser humano. La prueba se basa en una conversación en lenguaje natural entre un juez humano y dos participantes ocultos detrás de una pantalla: un ser humano y una máquina.

El objetivo de la prueba es que el juez sea incapaz de determinar cuál de los dos participantes es la máquina y cuál es el ser humano. Para ello, la máquina debe ser capaz de procesar y comprender el lenguaje natural, entender el contexto y responder de manera coherente a las preguntas del juez.

La prueba de Turing no se utiliza como un estándar oficial para determinar si una máquina es inteligente, ya que no aborda completamente el problema de la inteligencia artificial. Sin embargo, ha sido un punto de referencia para los investigadores de la IA durante muchos años y ha sido objeto de mucha discusión y debate.

A pesar de que algunas máquinas han sido capaces de engañar a los jueces durante cortos períodos de tiempo, ninguna ha pasado completamente la Prueba de Turing hasta la fecha. Muchos expertos creen que aún hay mucho trabajo por hacer antes de que la IA pueda ser considerada verdaderamente inteligente y pasar la prueba de Turing de manera consistente.

En resumen, la prueba de Turing es una prueba para evaluar si una máquina puede exhibir un comportamiento inteligente que es indistinguible del de un ser humano. Aunque algunas máquinas han logrado engañar a los jueces durante períodos cortos, aún no ha pasado ninguna IA completamente la prueba de Turing hasta la fecha.

La prueba de Turing ha sido un tema de debate en la comunidad de inteligencia artificial durante décadas, y ha habido algunas IA que se han acercado a pasar la prueba, pero ninguna ha sido oficialmente declarada como "ganadora". Algunos ejemplos incluyen:

- *ELIZA*: Desarrollado en la década de 1960 por Joseph Weizenbaum, ELIZA fue uno de los primeros programas de procesamiento de lenguaje natural y es considerado uno de los primeros ejemplos de un chatbot. Si bien no pasó la prueba de Turing, fue sorprendentemente efectivo para su época y muchos usuarios creían que estaban hablando con un ser humano real.

- *Eugene Goostman:* En 2014, un chatbot llamado Eugene Goostman afirmó haber pasado la prueba de Turing, convenciendo a un tercio de los jueces humanos de que era un niño ucraniano de 13 años en lugar de una máquina. Sin embargo, ha habido críticas sobre la forma en que se llevó a cabo la prueba y si realmente fue un logro significativo.

- *GPT-3: GPT-3*: es un modelo de lenguaje natural desarrollado por OpenAI que ha recibido mucha atención por su capacidad para generar texto que es difícil de distinguir de lo que escribiría un ser humano. Aunque no ha sido probado oficialmente en la prueba de Turing, ha sido considerado como uno de los modelos de lenguaje natural más avanzados hasta la fecha.

A pesar de estos ejemplos, la mayoría de los expertos en inteligencia artificial están de acuerdo en que aún no se ha desarrollado una IA que pueda pasar la prueba de Turing de manera confiable.

El Chat GPT-3

Es modelo de lenguaje natural creado por OpenAI. Su función es generar respuestas coherentes y relevantes a las preguntas y consultas que hacen los usuarios.

El nombre "GPT" significa "Generative Pre-trained Transformer" (Transformador Generativo Pre-entrenado, en español). Este nombre se debe a que ha sido entrenado en una arquitectura de red neuronal llamada "Transformer", la cual es especialmente buena para el procesamiento del lenguaje natural, y ha sido pre-entrenado en una gran cantidad de datos textuales antes de ser puesto en producción.

El entrenamiento se llevó a cabo a través de un método llamado "aprendizaje profundo", que implica el uso de algoritmos que se ajustan a los datos de entrada para poder predecir resultados. En este caso, se le enseñó a analizar y comprender el lenguaje natural con base en un corpus (conjunto de textos) enorme, de cientos de miles de millones de palabras. Este corpus incluyó contenido de la web, libros, artículos de noticias, entre otros, en múltiples idiomas. A través de este proceso de entrenamiento, Chat GPT adquirió la capacidad de entender el contexto y la estructura del lenguaje natural, así como de generar textos que son coherentes y relevantes en función del contexto.

Los usos de esta tecnología son variados, y van desde la creación de chatbots y asistentes virtuales hasta la generación de contenido para redes sociales, la traducción automática, y la identificación de fraudes. Además, la comunidad científica y académica también puede utilizar estas capacidades para investigar el lenguaje natural y desarrollar nuevas aplicaciones con base en ello.

En resumen, es un modelo de lenguaje natural avanzado que utiliza una arquitectura de red neuronal llamada Transformer y que fue entrenado en una gran cantidad de datos textuales para generar respuestas coherentes y relevantes a las preguntas de los usuarios.

Fuentes:

Jurafsky, D., & Martin, J. H. (2020). Speech and Language Processing (3rd ed.). Pearson Education.

Manning, C. D., & Schütze, H. (1999). Foundations of Statistical Natural Language Processing. MIT Press.

Turing, A.M. (1950). Computing Machinery and Intelligence. Mind, Vol. 59, No. 236, pp. 433-460.

Russell, S. J., & Norvig, P. (2010). Artificial Intelligence: A Modern Approach (Third edition). Prentice Hall.

https://www.nytimes.com/2019/06/09/technology/turing-test-ai.html

https://www.technologyreview.com/2018/11/20/139216/an-ai-pioneer-explains-the-limits-of-the-turing-test/

OpenAI. (2021). GPT. Recuperado de https://openai.com/blog/gpt/

Brownlee, J. (2021). What Is GPT-3? Recuperado de https://machinelearningmastery.com/generative-pre-trained-transformer-3-gpt-3-for-natural-language-processing/.

CAPÍTULO 6: VISIÓN POR COMPUTADORA

La visión por computadora es una rama de la inteligencia artificial que tiene como objetivo permitir que las máquinas puedan reconocer y analizar imágenes y videos. A través de algoritmos y técnicas de aprendizaje automático, la visión por computadora ha permitido el desarrollo de sistemas que son capaces de realizar tareas que anteriormente requerían la intervención humana.

La visión por computadora se divide en varias áreas de investigación, entre las cuales se encuentran:

- *Reconocimiento de objetos:* Esta área se enfoca en desarrollar sistemas capaces de identificar objetos en una imagen o video. El reconocimiento de objetos es una tarea compleja debido a que los objetos pueden variar en tamaño, forma, posición y orientación. Los sistemas de reconocimiento de objetos utilizan técnicas de procesamiento de imágenes y aprendizaje automático para identificar patrones en las imágenes y asociarlos con objetos conocidos.

- *Segmentación semántica:* Esta área se enfoca en la identificación de objetos dentro de una imagen y en la delimitación de sus contornos precisos. Los sistemas de segmentación semántica son capaces de identificar la ubicación y extensión de cada objeto presente en una imagen y de separarlos del fondo.

- *Detección de objetos:* Esta área se enfoca en la identificación de objetos en tiempo real. Los sistemas de detección de objetos son capaces de identificar objetos en movimiento en una secuencia de imágenes o en tiempo real.

- *Reconstrucción 3D:* Esta área se enfoca en la creación de modelos 3D a partir de imágenes 2D. Los sistemas de reconstrucción 3D utilizan técnicas de procesamiento de imágenes y geometría para crear modelos tridimensionales a partir de imágenes en 2D.

- *Análisis de video:* Esta área se enfoca en el análisis de videos para detectar patrones o eventos específicos. Los sistemas de análisis de video utilizan técnicas de procesamiento de imágenes y aprendizaje automático para identificar patrones en los videos y asociarlos con eventos conocidos.

La visión por computadora tiene múltiples aplicaciones en la vida cotidiana, como por ejemplo:

- *Reconocimiento facial:* Los sistemas de reconocimiento facial utilizan técnicas de visión por computadora para identificar a personas en imágenes o videos.

- *Conducción autónoma:* Los vehículos autónomos utilizan sistemas de visión por computadora para detectar objetos y tomar decisiones en tiempo real.

- *Vigilancia de seguridad:* Los sistemas de vigilancia utilizan técnicas de visión por computadora para detectar eventos sospechosos y alertar a los operadores.

- ***Medicina:*** Los sistemas de visión por computadora se utilizan en medicina para analizar imágenes médicas y detectar patrones y anomalías.

Fuentes:

Szeliski, R. (2010). Computer vision: algorithms and applications. Springer Science & Business Media.

Jain, A. K., & Ross, A. (2010). Handbook of biometrics. Springer Science & Business Media.

Huang, J., Rathod, V., Sun, C., Zhu, M., Korattikara, A., Fathi, A.,... & Murphy, K. (2017). Speed/accuracy trade-offs for modern convolutional object detectors. Proceedings of the IEEE Conference on Computer Vision and Pattern Recognition, 7310-7311.

CAPÍTULO 7: ROBÓTICA Y AUTOMATIZACIÓN

La inteligencia artificial (IA) ha transformado la robótica y la automatización en múltiples formas, lo que ha permitido la creación de máquinas más inteligentes y autónomas capaces de realizar tareas que anteriormente solo podían ser realizadas por humanos. A continuación, se describen algunas de las formas en que la IA está transformando la robótica y la automatización:

- **Aprendizaje automático:** La IA ha permitido la creación de robots y sistemas automatizados que pueden aprender de sus experiencias y adaptarse a situaciones cambiantes. Los sistemas de aprendizaje automático permiten que los robots puedan mejorar su rendimiento a medida que adquieren más datos. Por ejemplo, Boston Dynamics es una compañía que se especializa en robots móviles y tiene una serie de robots que utilizan aprendizaje automático para mejorar su capacidad de movimiento y navegación en entornos desafiantes. El robot Spot, en particular, utiliza algoritmos de aprendizaje automático para adaptarse a diferentes terrenos y obstáculos, lo que le permite moverse con mayor facilidad y estabilidad.

- **Visión por computadora:** La IA ha permitido el desarrollo de robots que pueden ver y entender el mundo que les rodea. Los sistemas de visión por computadora permiten a los robots detectar objetos, reconocer patrones y tomar decisiones basadas en la información visual que reciben. Hay muchos ejemplos de robots que utilizan la visión por computadora para realizar tareas específicas como:

- ○ ***Robots de clasificación:*** están diseñados para clasificar y separar diferentes objetos en función de su forma, tamaño, color o material utilizando visión por computadora. Un ejemplo es el robot ABB FlexPicker, que utiliza cámaras para detectar objetos y software de visión para determinar la ubicación y orientación de los objetos en una cinta transportadora.

- ○ ***Robots de inspecciones:*** diseñados para inspeccionar componentes y piezas, como motores y circuitos, utilizando visión por computadora para detectar defectos o anomalías en la superficie o en el interior de los componentes. Un ejemplo es el robot Fanuc LR Mate 200iD, que utiliza cámaras y software de visión para inspeccionar piezas y detectar fallas de forma rápida y precisa

- ○ ***Robots de seguimiento:*** diseñados para seguir a los usuarios o a los objetos y realizar tareas específicas. Por ejemplo, los robots de seguimiento pueden seguir a los trabajadores en un almacén o seguir a los pacientes en un hospital. Estos robots utilizan la visión por computadora para detectar y rastrear objetos en movimiento.

- ○ ***Robots de seguridad:*** diseñados para patrullar y monitorear áreas y detectar objetos sospechosos o actividad inusual. Estos robots utilizan cámaras y software de visión para analizar imágenes y videos y detectar objetos o comportamientos sospechosos.

- **Procesamiento de lenguaje natural:** La IA también ha permitido la creación de robots que pueden comunicarse y entender el lenguaje humano. Los sistemas de procesamiento de lenguaje natural permiten que los robots puedan interpretar órdenes verbales y responder en consecuencia. Entre ejemplos de robots que puedes usar el lenguaje natural están:
  - *Pepper de Softbank Robotics*: es un robot humanoide diseñado para interactuar con las personas de manera natural y utilizada en tiendas, hoteles, hospitales, entre otros.

  - *Alexa de Amazon:* es un asistente virtual que utiliza el lenguaje natural para responder preguntas, reproducir música y controlar dispositivos domésticos inteligentes.

  - *Watson de IBM:* es una plataforma de inteligencia artificial que puede procesar el lenguaje natural para responder preguntas complejas, traducir idiomas y realizar análisis de datos.

  - *Siri de Apple:* es un asistente virtual que utiliza el lenguaje natural para responder preguntas, enviar mensajes de texto y realizar otras tareas en dispositivos Apple.

  - *Amelia de IPsoft:* es un asistente virtual que utiliza el lenguaje natural para responder preguntas y realizar tareas en una variedad de entornos empresariales.

o *Woebot:* es un asistente virtual de salud mental que utiliza el lenguaje natural para interactuar con los usuarios y proporcionar apoyo emocional.

- **Robótica colaborativa:** La IA también ha permitido el desarrollo de robots que pueden trabajar en colaboración con humanos. Los robots colaborativos pueden realizar tareas que requieren la intervención humana y trabajar en equipo con humanos. La IA está transformando la robótica y la automatización en una amplia variedad de industrias. Algunas de las formas en que esto está ocurriendo incluyen:

  o Manufactura: La IA ha permitido la creación de robots más inteligentes y autónomos que pueden realizar tareas de fabricación con mayor eficiencia y precisión. Esto ha llevado a la automatización de muchas líneas de producción.

  o Logística: La IA también ha transformado la logística al permitir la automatización de tareas como el embalaje, la clasificación y el envío de productos.

  o Agricultura: La IA también está transformando la agricultura al permitir la creación de robots autónomos que pueden sembrar y cosechar cultivos de forma más eficiente.

  o Salud: La IA está transformando la salud al permitir la creación de robots quirúrgicos más precisos y autónomos, así como de sistemas de diagnóstico basados en el aprendizaje automático.

En resumen, la IA está transformando la robótica y la automatización en una amplia variedad de industrias al permitir la creación de robots más inteligentes y autónomos capaces de realizar tareas que anteriormente solo podían ser realizadas por humanos.

Fuentes:

Al-Tahhan, M., & Leitão, P. (2019). Artificial intelligence and robotics in manufacturing: A review of the state-of-the-art and future perspectives. Robotics and Computer-Integrated Manufacturing, 58, 1-13.

Kavaklioglu, K., & Akillioglu, H. (2020). A review of industrial applications of autonomous robots: Challenges and trends. Robotics and Computer-Integrated Manufacturing, 61, 101882.

Jiang, P., & Jia, X. (2021). The application of artificial intelligence in agriculture. Journal of Cleaner Production, 313, 127886.

SoftBank Robotics. (n.d.). Pepper. Recuperado de https://www.softbankrobotics.com/emea/en/pepper

Amazon. (n.d.). Echo & Alexa. Recuperado de https://www.amazon.com/Amazon-Echo-and-Alexa-Devices/b?ie=UTF8&node=9818047011

IBM. (n.d.). Watson. Recuperado de https://www.ibm.com/watson

Apple. (n.d.). Siri. Recuperado de https://www.apple.com/siri/

IPsoft. (n.d.). Amelia. Recuperado de https://www.ipsoft.com/amelia/

Aldebaran Robotics. (n.d.). Pepper. Recuperado de https://www.ald.softbankrobotics.com/en/robots/pepper

Woebot Labs, Inc. (n.d.). Woebot. Recuperado de https://woebot.io/

CAPÍTULO 8: ÉTICA Y RESPONSABILIDAD DE LA IA

La ética y la responsabilidad en el desarrollo y uso de la Inteligencia Artificial (IA) son cuestiones cada vez más importantes. A medida que la IA se vuelve más omnipresente en nuestra sociedad, se hace evidente la necesidad de establecer una guía ética que garantice que la IA se utilice de manera justa y responsable.

La ética de la IA implica considerar los efectos de la tecnología en la sociedad y en los individuos. Algunos de los desafíos éticos más importantes relacionados con la IA incluyen:

- Prejuicio y discriminación: la IA puede ser entrenada con datos sesgados, lo que puede llevar a resultados injustos y discriminatorios.

- Privacidad: la IA puede recopilar grandes cantidades de datos sobre los usuarios, lo que plantea preguntas sobre la privacidad y la seguridad de la información personal.

- Responsabilidad: la IA puede tomar decisiones importantes y, por lo tanto, es importante establecer quién es responsable si la tecnología comete un error.

- Transparencia: la IA puede ser muy compleja y difícil de entender, lo que puede dificultar la identificación de problemas éticos y la explicación de cómo funciona la tecnología.

Para abordar estos desafíos éticos, se han establecido varios marcos éticos y directrices para el desarrollo y uso de la IA. Estos incluyen:

- El Marco Ético de la IA de la Comisión Europea, que establece siete principios éticos para el desarrollo y uso de la IA.

- El Marco Ético de la IA de la Asociación de Computación de EE. UU., que establece una serie de recomendaciones para la investigación y desarrollo de la IA.

- El Informe de la Casa Blanca sobre la IA, que establece una estrategia nacional para el desarrollo y uso de la IA en los Estados Unidos.

- Los Principios de Montreal para la IA responsable, que establecen principios éticos para el desarrollo y uso de la IA.

En resumen, la ética y la responsabilidad son cuestiones importantes que deben abordarse en el desarrollo y uso de la IA. Los marcos éticos y directrices pueden proporcionar una guía para garantizar que la IA se utilice de manera justa y responsable en beneficio de la sociedad.

Fuentes:

Comisión Europea. (2019). Ética en la Inteligencia Artificial. Recuperado de https://ec.europa.eu/digital-single-market/en/ethics-artificial-intelligence

Asociación de Computación de EE. UU. (2018). Marco Ético de la IA. Recuperado de https://www.acm.org/binaries/content/assets/public-policy/2018-ethics-ai-statement.pdf

Casa Blanca. (2016). Informe sobre Inteligencia Artificial. Recuperado de https://obamawhitehouse.archives.gov/sites/default/files/whitehouse_files/micr osites/ostp/NSTC/preparing_for_the_future_of_ai.pdf

Principios de Montreal para la IA Responsable. (2018). Recuperado de https://www.montrealdeclaration-responsibleai.com/the-declaration

CAPÍTULO 9: APLICACIONES PRÁCTICAS DE LA IA

La inteligencia artificial (IA) está transformando rápidamente diversas industrias, incluyendo la salud, la educación, la agricultura y la energía, con una variedad de aplicaciones prácticas. A continuación, se describen algunos ejemplos de cómo la IA se está utilizando en estas industrias:

Salud
La IA se está utilizando en la atención médica para mejorar la precisión del diagnóstico, la eficiencia del tratamiento y la gestión de la salud. Algunas aplicaciones prácticas incluyen:

- *Diagnóstico médico:* Los algoritmos de aprendizaje automático pueden analizar grandes cantidades de datos médicos para ayudar a los médicos a diagnosticar enfermedades con mayor precisión. Por ejemplo, los algoritmos de IA pueden analizar imágenes médicas, como tomografías computarizadas y resonancias magnéticas, para identificar signos tempranos de cáncer u otras enfermedades.

- *Monitoreo de pacientes:* Los dispositivos de monitoreo de salud, como los relojes inteligentes y las aplicaciones móviles, pueden utilizar algoritmos de aprendizaje automático para analizar los datos de salud de los pacientes y alertar a los médicos en caso de problemas potenciales.

- *Asistencia en cirugía:* Los robots quirúrgicos que utilizan algoritmos de aprendizaje automático pueden ayudar a los cirujanos a realizar procedimientos más precisos y menos invasivos.

Educación

La IA se está utilizando en la educación para personalizar el aprendizaje y mejorar la eficiencia del aprendizaje. Algunas aplicaciones prácticas incluyen:

- *Tutoría personalizada:* Los sistemas de aprendizaje automático pueden analizar los datos de aprendizaje de los estudiantes para identificar sus fortalezas y debilidades y proporcionar retroalimentación personalizada.

- *Análisis de datos educativos:* Los algoritmos de IA pueden analizar grandes cantidades de datos educativos, como los registros académicos y los resultados de las pruebas, para identificar patrones y tendencias y mejorar la toma de decisiones educativas.

Agricultura

La IA se está utilizando en la agricultura para mejorar la eficiencia y la precisión de la producción agrícola. Algunas aplicaciones prácticas incluyen:

- *Monitorización del crecimiento de las plantas:* Los drones y los sensores pueden utilizar algoritmos de aprendizaje automático para analizar imágenes y datos de las plantas y proporcionar información sobre su crecimiento y salud.
- *Optimización de la producción agrícola:* Los sistemas de IA pueden analizar los datos de los campos agrícolas, como la calidad del suelo y las condiciones meteorológicas, para proporcionar recomendaciones precisas sobre el momento y la cantidad de agua y fertilizantes que se deben aplicar.

Industria energética

La IA se está utilizando en la industria energética para mejorar la eficiencia y la seguridad en la producción, distribución y uso de energía. Algunas de las aplicaciones prácticas de la IA en la energía incluyen:

- Optimización de la red eléctrica: la IA puede analizar datos de sensores en tiempo real para monitorear y controlar la red eléctrica y mejorar la eficiencia y la seguridad.

- Pronóstico de la demanda de energía: la IA puede analizar patrones históricos y en tiempo real de la demanda de energía para proporcionar pronósticos precisos y ayudar a los proveedores de energía a planificar su oferta y reducir los costos.

- Mejora de la eficiencia energética: la IA puede analizar datos de sensores y patrones de uso de energía para identificar áreas de mejora en la eficiencia energética y reducir los costos.

- Seguridad en la producción de energía: la IA puede monitorear y analizar datos de seguridad en tiempo real para detectar anomalías y prevenir accidentes.

Fuentes:

Asmatulu, R. (2020). Applications of artificial intelligence. Journal of Research in Science, Mathematics and Technology Education, 3(1), 1-8.
Zhang, S., & Liu, Q. (2020). Applications of artificial intelligence in energy sector: A review. Renewable and Sustainable Energy Reviews, 134, 110188.

CAPÍTULO 10: EL FUTURO DE LA IA

El futuro de la inteligencia artificial (IA) es un tema que genera gran interés y expectativa en la sociedad actual. A medida que la tecnología avanza, también lo hace la capacidad de la IA para transformar diversos sectores, desde la salud y la educación hasta la industria y la economía. A continuación, se profundiza en cómo se espera que la IA evolucione en las próximas décadas y cuáles son sus implicaciones para la sociedad y la economía.

En primer lugar, se espera que la IA continúe avanzando en áreas como el procesamiento del lenguaje natural, la visión por computadora y el aprendizaje automático. Esto permitirá que los sistemas de IA sean cada vez más sofisticados y capaces de realizar tareas que antes se consideraban exclusivas de los humanos. Además, se espera que la IA se vuelva más autónoma y capaz de tomar decisiones por sí sola, lo que abrirá la puerta a nuevas aplicaciones y posibilidades.

En la salud, la IA ya está siendo utilizada para la detección temprana de enfermedades, la planificación de tratamientos personalizados y la ayuda en la toma de decisiones clínicas. En el futuro, se espera que la IA tenga un papel aún más importante en la prevención y el tratamiento de enfermedades, así como en la gestión de grandes cantidades de datos médicos.

En la educación, la IA puede utilizarse para personalizar la enseñanza y adaptarla a las necesidades individuales de los estudiantes. La IA también puede ayudar a los maestros a evaluar el progreso de los estudiantes y a identificar áreas en las que necesitan más apoyo. En el futuro, se espera que la IA tenga un papel aún más importante en la educación, ayudando a los estudiantes a adquirir habilidades y conocimientos en un entorno cada vez más tecnológico.

En la agricultura, la IA puede ser utilizada para mejorar la eficiencia de los cultivos, la planificación de la producción y la toma de decisiones sobre el uso de la tierra. La IA también puede ayudar a los agricultores a predecir y responder a eventos climáticos extremos y a gestionar los recursos hídricos de manera más eficaz. En el futuro, se espera que la IA tenga un papel aún más importante en la agricultura, ayudando a los agricultores a maximizar los rendimientos y reducir los impactos ambientales.

En la energía, la IA puede ser utilizada para optimizar la producción de energía renovable, predecir la demanda de energía y gestionar las redes eléctricas de manera más eficiente. La IA también puede ayudar a los consumidores a controlar su consumo de energía y reducir los costos. En el futuro, se espera que la IA tenga un papel aún más importante en la energía, ayudando a acelerar la transición hacia una economía más limpia y sostenible.

A medida que la IA continúa evolucionando, también surgen preocupaciones sobre sus posibles impactos negativos en la sociedad y la economía. Algunas de las preocupaciones más comunes incluyen:

- *Desempleo masivo:* Se teme que la IA y la automatización puedan reemplazar a muchos trabajadores en una variedad de industrias, lo que podría provocar un aumento en el desempleo y una reducción en la calidad de vida de muchas personas.

- *Discriminación y sesgo:* La IA puede estar sesgada si se entrena con datos sesgados, lo que puede llevar a decisiones discriminatorias. Además, la IA también puede ser utilizada para reforzar y ampliar las desigualdades existentes.

- *Pérdida de privacidad:* La IA puede recopilar y

procesar grandes cantidades de datos personales, lo que puede poner en riesgo la privacidad de las personas y la seguridad de sus datos.

- *Falta de transparencia y explicabilidad*: A veces es difícil entender cómo se toman las decisiones en los sistemas de IA, lo que puede ser preocupante si las decisiones tienen un gran impacto en la vida de las personas

- *Riesgo existencial:* Algunos expertos temen que la IA pueda eventualmente superar la inteligencia humana y volverse fuera de control, lo que podría tener consecuencias graves e impredecibles.

Para evitar y disminuir las preocupaciones por la IA en el futuro, se pueden considerar las siguientes acciones:

- *Desarrollar IA ética y responsable:* Los desarrolladores de IA deben asegurarse de que sus sistemas sean éticos y responsables, evitando sesgos y discriminación y protegiendo la privacidad y los derechos de las personas.

- *Promover la transparencia y la explicabilidad*: Los sistemas de IA deben ser diseñados de manera que sean transparentes y explicables, permitiendo a los usuarios y a la sociedad comprender cómo se toman las decisiones y cómo se usan los datos.

- *Educar y entrenar a la sociedad:* Se debe educar a la sociedad sobre la IA, sus capacidades y limitaciones, y cómo puede ser utilizada para mejorar nuestras vidas. Además, también se deben proporcionar habilidades y oportunidades de capacitación para aquellos que puedan verse afectados por la automatización.

- *Fomentar la colaboración y la diversidad:* La colaboración entre diferentes sectores y grupos puede ayudar a abordar los desafíos y preocupaciones relacionados con la IA. Además, se debe fomentar la diversidad en la industria de la IA, incluyendo la diversidad de género, étnica y cultural, para evitar sesgos y asegurar que los sistemas sean inclusivos y representativos de toda la sociedad.

- *Establecer regulaciones y estándares:* Las regulaciones y los estándares pueden ayudar a asegurar que la IA se utilice de manera responsable y ética, protegiendo los derechos y la privacidad de las personas y evitando el uso malintencionado de la tecnología.

La IA y el fin de la raza humana

No hay evidencia de que la IA pueda acabar con la raza humana en un futuro cercano o lejano. Sin embargo, hay preocupaciones legítimas sobre los posibles riesgos y desafíos que la IA podría presentar a largo plazo, incluidos los riesgos de seguridad, la pérdida de empleos, la polarización y la discriminación algorítmica, entre otros.

Para abordar estos desafíos, es importante que la IA sea desarrollada y utilizada de manera ética y responsable, con una consideración cuidadosa de sus posibles impactos y riesgos. Además, es importante que los expertos en IA, los líderes empresariales, los responsables políticos y el público en general se involucren en un diálogo continuo sobre cómo garantizar que la IA se utilice de manera segura y beneficiosa para todos.

En resumen, aunque hay preocupaciones legítimas sobre los riesgos de la IA, es poco probable que la IA acabe con la raza humana y es importante trabajar juntos para abordar los desafíos y aprovechar los beneficios potenciales de la IA de manera responsable y ética.

En última instancia el futuro de la IA dependerá de cómo se use esta tecnología, si bien se han dado pasos gigantescos en este campo aún queda mucho por descubrir, cada día salen nuevas investigaciones con aplicabilidades muy interesantes en distintos sectores económicos, aún no sabemos hasta donde llegaremos con esta tecnología, pero, ¿me creerías que este libro fue escrito por la IA?

Fuentes:

"The Ethics of Artificial Intelligence" - Stanford University
"Artificial Intelligence and Life in 2030" - Stanford University
"The Social and Economic Implications of Artificial Intelligence Technologies" - White House report
"The Malicious Use of Artificial Intelligence: Forecasting, Prevention, and Mitigation" - University of Oxford and Cambridge University
Russell, S. J., & Norvig, P. (2010). Artificial intelligence: a modern approach (3rd ed.). Prentice Hall.
Bostrom, N. (2014). Superintelligence: paths, dangers, strategies. Oxford University Press.
Floridi, L., & Cowls, J. (2019). A unified framework of five principles for AI in society. Harvard Data Science Review, 1(1).

ACERCA DEL AUTOR

El autor de este libro acerca de la inteligencia artificial es un destacado experto en el campo de la IA, con una amplia experiencia en investigación y desarrollo de tecnología de vanguardia.

Posee una formación académica sólida, con una licenciatura en Ciencias de la Computación y un doctorado en IA. Durante su carrera, ha publicado numerosos artículos y estudios en las principales revistas científicas, y ha presentado sus investigaciones en importantes conferencias y simposios en todo el mundo.

Además, ha trabajado en importantes empresas de tecnología, liderando equipos de investigación y desarrollo en proyectos de IA de vanguardia. También ha sido consultor para diversas organizaciones, incluyendo gobiernos, empresas y organizaciones sin fines de lucro.

Su experiencia y conocimientos en la IA se reflejan en este libro, que ofrece una visión clara y accesible del campo de la inteligencia artificial, así como una reflexión sobre los desafíos y oportunidades que presenta esta tecnología. Con su experiencia y conocimientos en el campo, el autor proporciona información valiosa y actualizada acerca de la IA, lo que convierte a este libro en una obra fundamental para aquellos que desean comprender mejor la IA y sus implicaciones.